ENTRETIENS

SUR

L'HORLOGERIE.

DE L'IMPRIMERIE DE P. DIDOT L'AÎNÉ.

ENTRETIENS

SUR

L'HORLOGERIE

A L'USAGE DE LA MARINE;

ADRESSÉS AUX QUATRE ÉLÈVES

QUI ONT ÉTÉ CONFIÉS A L'AUTEUR,

EN EXÉCUTION DU DÉCRET DE S. M. I. ET R. DU 10 MARS 1806.

PAR LOUIS BERTHOUD,

HORLOGER DE LA MARINE.

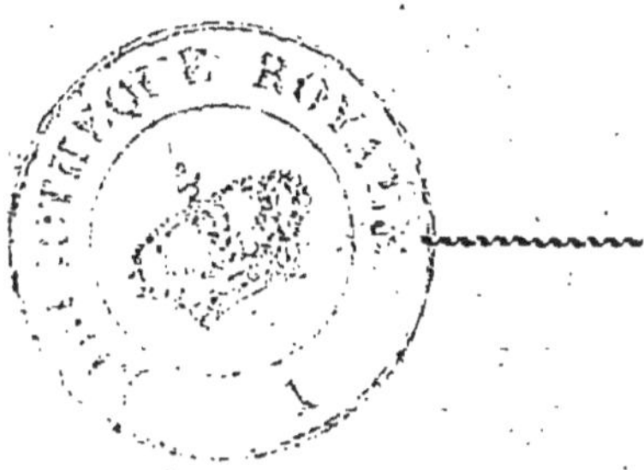

A PARIS,

Chez l'AUTEUR, rue de la Place Vendôme,

n° 21.

M. DCCCXII.

AVANT-PROPOS.

Aprés avoir terminé la tâche dont S. Exc. Monseigneur le duc de Cadore m'avait honoré, par suite d'un décret de S. M. I., j'ai pensé, Messieurs, qu'il vous serait utile de vous répéter, par écrit, un abrégé des leçons d'horlogerie que je vous ai données verbalement; leçons où j'aurais desiré pouvoir mettre plus d'art et de lumières que je n'ai fait, mais dans lesquelles je n'ai rien négligé pour vous faire part des connaissances qu'une expérience de plus de vingt-cinq ans, dans les montres marines de ma construction, a dû me donner.

Vous connaissez, Messieurs, le peu de tems dont mes occupations et ma mauvaise santé me laissent jouir, et combien peu il me serait possible d'entreprendre un ouvrage suivi avec méthode, qui d'ailleurs serait au-dessus de mes forces actuelles. Le tems où je devais et pouvais, je crois, le faire avec succès, était après la construction et les épreuves faites à l'observatoire des montres de MM. de Puységur, Borda et Fleurieu, dont les deux dernières, et particulièrement celle n° 14, ont servi au voyage de l'amiral Dentrecasteau.

L'époque de la construction de ces montres est de 1786 et 1787; les principes qui leur servent de base ont été connus de toutes les personnes qui y ont travaillé, et expliqués dans un dépôt fait à l'Académie, que je réclamai inutilement dans la tourmente révolutionnaire.

Au reste, l'une et l'autre existent encore ; celle de M. de Puységur a servi au fameux voyageur M. Humboldt, et l'utilité dont elle lui a été est connue. Le n° 14 a plusieurs fois été employé depuis son retour par ordre de S. E. le Ministre de la marine ; elle est actuellement chez moi.

Il vous est facile de remarquer que dans les montres suivantes, soit grandes, soit petites, portatives au gousset, je n'ai rien changé aux principes constitutifs, c'est-à-

dire l'échappement, spiral et balancier correctif, etc.

Les circonstances d'alors, que
je regardai avec trop de légèreté
comme impérieuses pour moi, me
firent rester dans le silence, malgré les sollicitations de plusieurs
savans et de beaucoup de vrais
amis. Ensuite je vécus plusieurs
années accablé des plus amers dégoûts.

C'est avec le sentiment de la reconnaissance la plus profonde que
j'adresse ici à M. Monge, alors
ministre de la marine, les hom-
mages et les remerciemens que je
dois aux bontés de son cœur et de
sa belle ame. Je les dois de même
à M. Tévenard : l'un et l'autre
méritèrent, dans ce tems, et auront toujours part à ma plus vive

reconnaissance pour m'avoir ai-
dé, et fait sortir de l'oubli dans lequel je paraissais devoir pour toujours être plongé.

Vint ensuite, pour remplir la
même place, M. l'amiral Bruix,
dont la générosité est connue de
tous ceux qui ont eu le bonheur
de l'approcher. Il ne se borna pas
envers moi au seul bienfait d'un
logement très utile pour mon éta-
blissement ; son ame active voulut
de plus que je fusse continuellement occupé ; et il ne négligea aucun moyen de parvenir à ce but.
Je dois à sa mémoire une éternelle
reconnaissance ; et c'est à madame
son épouse, ainsi qu'à ses enfans,
que je prends la liberté de la té-
moigner dans ce peu de lignes.

1.

Plus heureux encore dans ce moment , mais plus que jamais embarrassé de peindre tous mes sentimens envers le Ministre actuel, M. le comte Decrès, et ce que je dois à sa générosité, je me bornerai à dire, en parlant de ses bienfaits, que c'est à lui que je dois l'assurance à venir de mon existence. Il est surtout un autre bienfait auquel j'ai été, je crois, plus vivement sensible ; c'est la généreuse protection qu'il a daigné m'accorder dans un moment bien pénible et bien déchirant pour une ame pure. Puisse mon existence être assez longue pour pouvoir l'assurer de toute la reconnaissance dont ses bontés m'ont imposé l'honorable et agréable loi !

Depuis l'instant où ces ames gé-
néreuses ont daigné s'occuper de
moi et m'assurer la tranquillité,
je me suis livré tout entier à mes
ouvrages, laissant, sans aucune
envie, à tous ceux qui l'ont voulu,
le plaisir d'aller, venir, et même
revenir sur leurs pas, s'ils le trou-
vaient avantageux : j'ai pensé que
la vraie tâche d'un horloger auquel
on accorde confiance est celle de
rectifier le plan qu'il s'est formé,
et de le conduire à son plus haut
point de perfection, plutôt que
d'en établir un grand nombre,
dont on aurait à peine le tems de
faire les épreuves.

Entièrement étranger à toutes
les discussions polémiques, et
n'ayant d'autres prétentions à la

gloire que celle d'avoir produit
quelques ouvrages utiles à la marine française, mon but actuel ne
doit être que de vous prouver,
dans ces courts entretiens, l'inté-
rêt que j'ai pris et prendrai toujours à votre avancement et à vos
succès.

Vous jouissez, Messieurs, d'un
double avantage sur la plupart des
artistes ; vous êtes très jeunes encore : presque entièrement formés,
vous entrez dans une carrière qui
a coûté bien des peines et des travaux à ceux qui vous ont précédés ;
et le tems, sagement employé,
ainsi que l'expérience, compléte-
ront ce que mes leçons ne pou-
vaient vous donner.

L'avancement que vous possédez est dû à la prévoyante sagesse de S. M. I., dont les yeux, toujours ouverts sur l'avenir, jettent des regards de bienveillance sur tout ce qui concerne l'instruction de ses jeunes sujets. Ce sont ces regards protecteurs qui les enflamment du noble desir que je vous connais à tous, celui de vous distinguer et de lui prouver votre reconnaissance par vos travaux et vos talens. Vous continuerez, je n'en doute pas, à être animés par les mêmes sentimens de zèle que je vous ai vus jusqu'à présent ; ils vous procureront des succès qui me seront bien précieux, car je partagerai avec vous les plaisirs qu'ils vous causeront ; ils me feront oublier mes peines, et dissiperont

les ennuis d'une vie trop séden-
taire et souffrante.

Puissent les vœux que je fais
pour vous être exaucés ! et fasse
le ciel, pour combler mon bonheur, qu'après un nouvel espace
de six années, je puisse présenter
à S. M. I. l'un de mes enfans en
état de la servir à son tour, et qui
retrace ainsi à son ame bienfai-
sante l'amour et le respect dont
l'admiration de ses éminentes
vertus a pénétré leur vieux père !

ENTRETIENS

SUR

L'HORLOGERIE.

PREMIER ENTRETIEN.

JE dois ajouter aux motifs que je viens de vous donner, Messieurs, pour m'exempter des gênes indispensables dans un ouvrage suivi, celui de l'inutilité absolue de vous représenter par des planches, les ouvrages qui sont encore sous vos yeux. Ces planches entraîneraient à beaucoup de pertes de tems et de dépenses, et n'auraient aucune valeur, sans des définitions explicatives des grandeurs, hauteurs, et dimensions générales du tout ; choses qui ne vous sont nullement nécessaires à présent, d'après les notes que vous avez dû faire.

Mon but actuel, ainsi que vous avez pu le remarquer dans mes premières lignes, n'est que de rappeler à votre mémoire les principes et les moyens qui vous ont servi avantageusement jusqu'à ce jour, et qui sont puisés dans une expérience longue et pénible de mes ouvrages, malgré que leur nombre ne paraisse pas très grand, puisqu'il n'est porté dans ce moment qu'à cent cinquante, non compris plusieurs montres compliquées, dont quelques unes sont des répétitions à secondes et à équation par les aiguilles, toutes avec mon correctif de température ; des pendules astronomiques, etc.

Mais, quelle que soit la petitesse apparente de ce nombre, les ayant toutes réglées moi-même, vous pourrez, je crois, vous dire, en prenant pour objet de comparaison les peines que vos premières montres vous ont données dans leurs épreuves, malgré les directions dont je vous ai fait part, que ma tête a dû souvent être surchargée par ce travail, et forcée de se rendre exacte dans l'étude de ces machines, ainsi que de trouver les méthodes les plus simples pour connaître à fond ce qui appartient à chacun des élémens.

C'est à ces méthodes que j'ai créées et dont je vous ai fait part, que vous devez une grande partie de la facilité avec laquelle vous commencez à tirer parti de vos ouvrages. Pour obtenir ces moyens, il m'a fallu en comparer beaucoup entr'eux, ou, pour mieux dire, en employer dix pour en trouver un bon.

Je ne pourrai pas en donner de meilleurs à mes enfans, dont je vais m'occuper; seulement je les engagerai souvent à simplifier encore, s'ils le peuvent, ceux qui, par l'espoir d'une plus grande sûreté, prolongent trop le tems des épreuves.

Ils seront, j'en conviens, obligés de mettre encore plus d'attention dans chacune d'elles, et plus de précision; mais sachant bien distinguer les différentes sources des erreurs, et séparant les unes des autres, ils pourront parvenir à un degré d'exactitude complette.

Ajoutez encore à mes travaux les réparations des différens accidens survenus dans le service, et qui bien souvent m'ont obligé de refaire les mêmes épreuves que sur des montres neuves ; cette dernière partie est une de celles qui m'ont donné le plus de peine et d'instruction, par les différentes singularités et énigmes que les accidens produisent.

J'ai dû compter beaucoup sur votre indulgence pour moi, et j'espère que vous me pardonnerez le ton familier que je continue avec vous dans ces nouveaux entretiens, où je ne vous parlerai que du genre d'horlogerie que vous venez d'exécuter, parceque c'est le moyen le plus sûr de nous entendre. Si je jette un coup d'œil sur l'horlogerie générale, j'éviterai tout objet de comparaison étranger à nos vues, et encore plus une vaniteuse critique qui conviendrait peu à ma manière d'être ; mais en place, je me permettrai quelques conseils qui peuvent, à l'avenir, vous être avantageux.

Cependant s'il arrivait que vous en fissiez part à de jeunes artistes, vos amis, assurez-les bien, je vous prie, que la liberté avec laquelle je vous parle, ne peut nullement les regarder. C'est à vous que j'ai ordre de donner tous les conseils dont je puis être capable pour votre avancement. Si pourtant, dans les différentes observations que je fais sur la construction et les épreuves de nos montres, j'ai le bonheur que quelques unes des réflexions, que je dois à mes longues et pénibles expériences, puissent leur être utiles, je le verrai avec infiniment de plaisir; ce sera même une récompense agréable de mes travaux: mais, assurément, je n'aurai jamais l'orgueil de prétendre donner des directions à des artistes. Ceux d'entr'eux qui sont formés n'ont nul besoin de moi, et se dirigent dans la sphère que leur génie s'est plu à se créer.

Ceux qui ne sont pas encore connus, mais que la nature a doués des qualités nécessaires à notre art, ne doivent tenir que de leur propre intelligence l'essor rapide qu'ils pourront prendre.

Peut-être en est-il, au moment où j'écris, dont les ouvrages nouveaux sont prêts à paraître avec une théorie nouvelle, de nouveaux principes; car tout dans la nature semble devoir se renouveler : les gouvernemens même sont une preuve de cette vérité; et nous avons trop de raisons d'aimer et d'admirer ces changemens pour douter qu'ils soient dictés par une sagesse infinie.

Loin donc de moi et de ma pensée un préjugé servile, destructeur de tout zèle et de la noble émulation

2.

que les artistes doivent avoir entre eux, celui de croire que tout est fait en horlogerie, et que la seule *bien-facture* peut remplacer ce qui manquerait aux principes.

Vous n'admettrez pas, j'espère, une erreur aussi absurde; et vous avez déjà, Messieurs, autant de connaissances qu'il en faut pour vous apercevoir, par les différens phénomènes que nous présentent les changemens qui arrivent dans la marche des montres, même de celles dont l'ensemble et les résultats des épreuves paraissent donner le plus d'assurances pour l'avenir, que non seulement il vous reste beaucoup de choses à faire, mais, de plus, qu'il y a nécessairement dans les variations de nos montres, des causes qui appartiennent aux lois de la physique, compliquées avec celles de la mécanique.

Or, si vous avez le bonheur de dé-
falquer adroitement ce qui appartient
à la première cause, et que vous par-
veniez à en diminuer les effets nui-
sibles, vous aurez rendu un service
essentiel à l'art.

Si, par contre, vous n'en trouvez
pas les moyens, vous porteriez alors
vos vues sur la partie mécanique, en
la composant de manière à détruire
ou diminuer, autant qu'il sera possible, les effets de la première puissance : dans l'un ou l'autre des succès, vous aurez marché vers la précision, la constance, et par suite mérité
la reconnaissance publique.

Ainsi, Messieurs, votre but doit
être d'atteindre le plus possible à la
perfection. Pour y arriver, vous devez conserver l'habitude de préférer
à des momens de plaisir les instruc-
tions relatives à votre art ; et surtout

ne compter, en horlogerie, sur la
bonté d'une invention, ou d'un changement, qu'après de sévères épreuves. Cela, j'en conviens, exige beaucoup de tems et de patience ; mais
on ne parvient, dans aucun état, à
des qualités éminentes que lorsqu'on
possède celles dont je vous recommande la pratique pour compléter
les dispositions heureuses que je vous
connais.

SECOND ENTRETIEN.

Je ne puis me dispenser , avant
d'entrer en matière, de vous engager
à reprendre encore une fois la connaissance de l'état où l'horlogerie
exacte s'est trouvée en France et en
Angleterre , dans les tems passés. Celui dans lequel vous la voyez à présent vous est plus facile à connaître,
et vous ne pourrez guère vous empê-
cher de la voir en beau dans son exécution surtout ; mais j'ose croire que
vous pardonnerez à quelques vieux
amateurs, de la trouver un peu dé-
chue du degré de considération qu'elle
méritait et obtenait alors.

Vous en reconnaîtrez vous-mêmes

les causes, en suivant la marche des artistes, ainsi que celle du public; je n'ai besoin de vous donner aucune idée à cet égard; observez sagement et jugez ensuite.

Vous aurez connaissance de l'état de l'horlogerie exacte en France dans les premiers ouvrages de M. Ferdinand Berthoud : son Essai sur l'Horlogerie sera toujours un livre élémentaire, bien précieux aux horlogers, et qui méritera la reconnaissance publique aussi long-tems que l'on fera de l'horlogerie.

La lecture des principes établis dans son Traité des Horloges marines vous donnera ce que nous avons eu de plus savant; et vous verrez par suite les succès bien mérités qu'il en a obtenus.

Voyez également l'ouvrage de M. Pierre Leroy; il est peu volumi-

neux , mais il renferme des principes démontrés par les faits.

Vous trouverez, dans l'Encyclopé-
die, l'article HORLOGERIE , écrit par
M. Romilli.

Il existe plusieurs autres ouvrages
très estimables, mais qui ne concer-
nent que la simple horlogerie ordinaire ; dans le nombre desquels ceux
qui me paraissent devoir mériter le
premier rang, par l'utilité générale
dont ils ont été, et peuvent être encore, sont ceux de MM. Thiout et
Lepaute.

Les auteurs anglais ont peu écrit;
ce sont leurs ouvrages mêmes qu'il
faut consulter. Si vous prenez connaissance de l'horlogerie propre à déterminer les longitudes , par une
montre portative dans la poche, à
partir du tems des Harisson , Mudge,
Arnold et Emery, on ne peut discon-

venir que ces artistes n'aient eu long-
tems la primauté sur nous.

Nous trouverons abondance d'in-
ventions de la part du premier *Harisson;* son génie créateur lui mérita
une grande célébrité parmi les artistes de sa nation, ainsi que parmi
ceux des pays étrangers.

Un genre d'invention correcte et
savante, ainsi qu'une grande sûreté
d'exécution dans le second, *Mudge.*
Il est fâcheux que le public ne possède
pas un plus grand nombre de ses ouvrages.

Le troisième, *Arnold*, a fait de
très bons ouvrages, et il a marqué
beaucoup de génie dans plusieurs
genres; mais j'oserais presque assurer qu'en cherchant trop à simplifier
et à rendre l'horlogerie exacte, un
genre de manufacture, il a un peu
outre-passé les bornes, et qu'il a per-

du l'harmonie d'exécution et de principes que l'on remarque encore dans ses premières œuvres.

Dans le quatrième, vous trouverez une pénétration bien grande des causes de la régularité ou de l'irrégularité des montres ; une exécution soignée dans les parties essentielles ; point de luxe étranger à l'objet principal, mais tous les soins que la précision absolue exige : voilà, je crois, ce que nous remarquerons toujours dans les ouvrages d'*Emery*, et ce qui doit les rendre précieux aux savans qui en sont les propriétaires.

Je vous engage à porter la plus scrupuleuse attention au mérite des ouvrages que je viens d'indiquer, soit français ou anglais.

Vous y verrez non seulement le génie d'invention, mais encore une qualité bien essentielle, qui devrait

toujours accompagner l'artiste ; c'est
ce zèle infatigable , qui ne peut se re-
buter de ses longs et pénibles travaux ;
travaux d'autant plus pénibles , qu'ils
nous obligent de lutter contre les
effets de la nature et des métaux ; d'autant moins agréables au professeur,
que les produits en sont moins que
dans beaucoup d'autres arts à la connaissance du jugement public : car il
faut une partie de la science et des
moyens employés par les astronomes,
et leur application continuelle à l'observation des astres , pour juger avec
précision de la valeur d'une montre
ou d'une pendule.

Le nombre de ces savans ne peut
jamais être considérable ; mais c'est
sur eux seuls que nous devons fixer nos
regards pour le jugement à venir de
nos ouvrages. Ce jugement pourra
vous paraître sévère ; mais ce sera

cette même sévérité qui augmentera le mérite des succès que vous aurez obtenus.

Recherchez ces vrais savans, et faites en sorte de mériter leur amitié. Combien d'artistes se prosternent encore comme moi sur la tombe des Borda, Lavoisier, Lalande, Méchain, Fleurieu, et autres !

Ce respect profond et cette amitié reconnaissante sont basés sur l'utilité des connaissances d'un vrai savant, qui, sachant à propos se mettre à l'unisson d'un artiste, ou d'un simple commençant, ne veut pas l'éblouir par l'éclat de ses lumières, qui ne porteraient pas alors directement au but, mais qui entraine pas à pas son élève aux connaissances les plus élevées.

Si vous sentez en vous ce feu divin que l'on appelle génie, et que l'on ne peut définir, suivez ses premières impulsions ; elles pourront peut-être, tel qu'un cheval fougueux, vous emporter bien loin, et vous laisser à peine le tems de connaître les pays qu'il vous aura fait parcourir. Impossible à vous de rallentir cette vitesse : elle est un don de nature, ainsi que les ailes que l'on attribue aux puissances célestes.

Mais, si par des écarts d'une imagination trop ardente et peu réfléchie, vous manquiez les succès que vous espériez, reprenez alors, dans le sanctuaire des sciences exactes, les élémens que vous aviez négligés. Les savans sont, par leurs ouvrages, par rapport à nous, ce que les vestales étaient chez les Romains et les Grecs : comme elles, ils entretiennent le feu sacré.

Si vous possédez ces dons heureux

de la nature, l'invention et la patience nécessaire pour corriger vos
premières erreurs, livrez-vous tout
entier à l'horlogerie astronomique ;
il y a lieu d'espérer que vos succès
vous dédommageront amplement de
vos peines. Mais si, contre mon at-
tente et mes desirs, vous préférez aux
louanges et récompenses à venir, les
plaisirs que procure la fortune, quit-
tez l'horlogerie astronomique, et faites celle qui fournit tous les ans une
mode nouvelle; elle entretient le commerce, et l'aisance dans le ménage.

3.

TROISIEME ENTRETIEN.

L'HORLOGERIE exacte, telle que je me la représente, est un art libre, dérivé des sciences, et qui, pour parvenir à ses fins, ne devrait être exercé que par des amateurs passionnés de la gloire de se rendre utiles à leur patrie, afin de concourir avec les astronomes et les marins vers ce but d'utilité générale, pour lequel ils sacrifient tout. Combien le noble et généreux dévouement de nos premiers navigateurs ne doit-il pas nous pénétrer d'admiration, et nous persuader que dans un art que nous devons exercer dans le calme et la tranquil-

lité, quelque grandes que puissent
être nos peines, nos veilles, et nos
recherches, elles ne pourront jamais
égaler les leurs.

Je vous ai engagés à lire les voyages
de M. de Bougainville, l'un de nos
premiers navigateurs, dont vous avez
admiré les différens genres de mérite.

Vous avez aussi lu les ouvrages de
M. de Fleurieu ; vous avez été frappé
de l'étendue et de la précision de ses
connaissances : en un mot, vous avez
étudié tous nos voyageurs français,
et vous ne vous lassez pas de rendre
hommage aux lumières et à la constance infatigable de ces savans.

Vous êtes également pénétrés des
voyages de Cook : vous aimez ses connaissances physiques et morales, ses
soins pour la conservation de son
équipage, sa constance et son intré-

pidité dans les milliers de dangers qui l'ont environné. Mais ne pourrait-on pas dire que La Peyrouse et d'Entre-casteau, qui mériteront toujours nos regrets, marquaient encore un plus grand dévouement à l'utilité publique, puisque, connaissant les difficultés énormes de ces voyages de découvertes, ils ont cependant osé les braver aux périls de leur santé, de leur existence, sans qu'ils aient pu jouir des honneurs de la reconnaissance, qui les attendaient à leur retour.

Tâchons, de notre côté, de nous rendre utiles au grand but que se proposaient ces hommes célèbres. Obtenons, s'il se peut, l'honneur d'aider, et même quelquefois de suppléer, par notre horlogerie, aux méthodes savantes données par l'astronomie. Comptons avec certitude sur l'amitié et l'affection des marins, si nous avons le bonheur de remplir leurs vues. En mon particulier, je me fais un devoir de répéter ce que je dois à plusieurs d'entr'eux, et de vous faire connaître combien mon zèle s'est accru par les encouragemens que m'ont donnés les savans que je vous ai nommés plus haut, dont quelques uns même ont su ajouter à ces encouragemens leurs bienfaits personnels, et appeler sur moi la munificence de S. M. I.

On pourra penser qu'il entre une somme de vanité dans l'hommage que je leur rends ici ; j'en conviens de bonne foi : mais mon intention, en m'exposant à passer à vos yeux pour orgueilleux, est de vous faire voir que, sous un souverain protecteur des sciences et des arts, tous les pas que vous ferez à l'avantage du vôtre, seront comptés et encouragés.

QUATRIEME ENTRETIEN.

Avant de passer outre , je dois encore vous répéter quelques observations.

Je crois vous avoir fait remarquer que dans le grand nombre de moyens que l'on nous a indiqués jusqu'à présent, il y a un choix à faire; ce choix mérite la plus grande attention , et exige au moins toutes les connaissances que vous avez acquises.

Après cet examen des différens principes et méthodes proposés, il vous restera un plan fixe à vous former, un ensemble tel , qu'il conserve toujours les parties concertantes dans une parfaite harmonie.

Vous avez dû remarquer que dans

les écrits de plusieurs auteurs, ainsi que dans les ouvrages exécutés, ce plan fixe que je vous desire n'existe pas encore ; vous aurez vu que si dans certains momens l'isochronisme seul du spiral constitue une bonne montre, il sera détruit ensuite par le correctif de température.

Vous aurez vu également des systêmes établis sur de grands balanciers régulateurs, ensuite sur de très petits : des vibrations lentes, puis de très promptes : la belle exécution recommandée, et rarement mise en pratique ; mais, je vous engagerai, Messieurs, dans vos réflexions à cet égard, à considérer que dans les différens systèmes que ces auteurs ont établis, ils avaient pour chacun d'eux des raisons qui ont dû y donner lieu, et dont l'expérience ne pouvait encore démontrer la valeur. Par exemple, nous ne pouvons douter qu'un pendule à secondes ne soit plus propre à mesurer le tems avec exactitude qu'un à demi - secondes, et encore plus que celui dont la longueur n'aurait que deux pouces trois lignes environ pour régler une pendule à quart de secondes.

Reportant cette vérité sur les montres portatives, on a dû être tenté de croire que des vibrations lentes, un balancier très grand et très pesant, conviendraient aussi à ce genre de régulateur ; mais l'expérience en a démontré les inconvéniens dans le principe même de leur utilité.

Ensuite on y a porté un trop fort changement, et l'on est retombé dans un défaut aussi grand que le premier.

Cependant nous aurions tort, Messieurs, d'en vouloir à ces auteurs ; nous devons au contraire les remer-

cier des routes que leur génie nous a
fait connaître, ainsi que des épreuves
dont ils nous ont fait part. Succès ou
non succès, tout en eux doit nous
intéresser.

D'ailleurs, retournons toujours à
la difficulté de la chose dont ils cher-
chaient à aplanir la route.

Les lois de la mécanique, ainsi que
celles de la physique sont immuables
et connues par les recherches de nos
savans professeurs : mais, former
d'après ces lois une machine propre à
mesurer le temps avec exactitude, et
la soumettre ensuite aux désordres
que peuvent occasionner les changemens dans les vitesses du *porter* ou
non-porter, ainsi que les diverses
températures, est une tâche bien dif-
ficile à remplir.

Nous devons donc conclure que les
premiers auteurs qui s'en sont occu-

pés ont tous les droits possibles à notre reconnaissance ; et, par une conséquence aussi juste que celle que je viens d'exposer, vous devez espérer, Messieurs, que le public éclairé vous tiendra compte des nouvelles recherches que vous ferez, après que vous aurez pris une connaissance exacte des essais précédens et que vous saurez corriger à propos les erreurs que vous aurez reconnues.

Quant à mes ouvrages, je les livre tous, non à votre critique, parce que je vous connais l'esprit trop bon, pour devenir satiriques et méchans envers votre ami ; mais pour qu'ils puissent vous éviter des peines à venir.

~~~~~~

CINQUIEME ENTRETIEN.

Il me semble que c'est ici le moment de nous occuper de ce que nous appelons exécution.

Afin de s'entendre plus facilement sur cet objet, on doit diviser l'exécution en deux genres :

La bonne, qui, toujours d'accord avec les vrais principes, est portée sur les choses qui tiennent à l'ordre et à la conservation de la machine ;

La commune, que l'on peut, je crois, nommer manufacturière.

Je ne parlerai pas de la dernière, ses détails vous feraient pitié ; et, si je vous faisais apercevoir les dégoûts qu'elle a produits sur l'ame de jeunes artistes, les injustices qu'elle a fait
~~~~~~

commettre au public, vous penseriez peut-être que, dans notre état, nous ne pouvons plus nous sauver que par le nombre.

Mais, non ; évitons cette pensée, et travaillons à la manière de ceux de nos prédécesseurs dont la mémoire nous sera toujours chère ; voyons l'exécution dans son beau. Alors elle se subdivise encore.

L'exécution que l'on appelle *brillante*, me parait être celle à laquelle tous les jeunes artistes doivent aspirer de parvenir, bien qu'elle ne soit pas encore celle que je leur desire, et qui constitue la bonne.

Je vais vous faire connaître d'abord ce que j'entends par exécution brillante, malgré que son nom seul semble la définir.

Je la vois dans la beauté des pièces d'acier formées et polies avec tout l'art et le brillant dont de jeunes artistes très adroits peuvent être capables : dans la coupe et les polis des pièces de cuivre, soit d'après le poli, soit d'après la dorure.

Je la vois encore plus dans les formes qu'un sage dessinateur et géomètre admettrait pour bonnes ; soit dans la figure des roues et de leurs croisées ou barettes, soit dans la disposition de la cage principale, de ses ponts, etc.

Je vois encore ce brillant et ce goût dans l'ensemble que nous donne la réunion de plusieurs artistes, tels que l'émailleur, le graveur, et le monteur de boëtes. Je mets en dernier lieu le doreur, parce qu'en effet il arrive pour donner à l'ensemble que je viens de supposer, un éclat et un lustre qui font mieux apercevoir au public tous les soins que le jeune artiste a employés pour le satisfaire.

Les étrangers n'ont jamais négligé la réunion des talens dont je viens de parler, et qui sont très nécessaires dans une horlogerie ordinaire de commerce et de goût.

Je crois vous avoir donné plusieurs fois une idée de ce beau dont je viens de parler, en vous montrant quelques ouvrages dont j'ai eu le plaisir d'être possesseur ; mais votre imagination, jeune et brillante, vous fera sans doute desirer d'aller encore au-delà de la faible peinture que je trace de ce que vous avez vu de beau. Hé bien ! Messieurs, je vous applaudis, suivez vos goûts et vos heureuses dispositions, afin que dans un âge plus avancé, aucunes difficultés d'un genre que vous n'auriez pas encore connu ne puissent vous arrêter.

Voici encore une observation qu'il me paraît utile de vous faire.

Dans notre adresse ou nos talens pour l'exécution de l'horlogerie, deux choses y concourent à présent ; on pourrait même dire que l'une détruit le germe de l'autre.

Nous avons abondance de machines propres à donner de la régularité à nos ouvrages, et qui semblent dispenser de la vraie adresse que je vous recommande.

Celle d'un peintre et d'un graveur se marque sans autres instrumens qu'un crayon, un pinceau, un compas et un burin ; tâchons d'avoir ce même genre, et non celui de l'homme qui, à l'aide d'une manivelle adaptée au cilindre d'une machine organisée, exécute les plus belles et plus intéressantes pièces de musique.

Je voudrais que vous eussiez le plaisir de voir les ouvrages qui ont été éxécutés à la main, au siècle der-

nier, dans le tems des Jodin, Coup-
son, Droz, et tant d'autres, dont les
noms ne me reviennent pas, malgré
mon admiration pour eux et leurs
ouvrages. Je crois vous avoir dit qu'un
artiste de ma connaissance avait proposé différentes fois le pari d'exécuter
en entier une montre, sans autres
instrumens que trois limes et un burin, retranchant même celui de nos
outils qui nous est le plus nécessaire,
c'est-à-dire le tour.

Voilà le genre d'adresse de la main
dont je desire vous voir possesseurs
d'une grande partie; la pratique vous
en fera sentir promptement les avantages. Mais, ne croyez pas, je vous
prie, que je cherche à vous faire négliger les bons moyens de prompti-
tude et de correction que nous connaissons à présent.

Non, vous me feriez une injure,

que je ne mérite pas. Pour vous persuader du contraire je fais plus , et
j'ajoute que si , après avoir acquis
l'adresse que je vous recommande ,
vous trouvez encore de nouveaux
moyens d'agir avec plus de précision ,
ils feront honneur à votre intelligence , et assureront davantage le
succès de vos ouvrages.

SIXIEME ENTRETIEN.

Je viens d'employer beaucoup de tems à définir la manière dont je me représente l'exécution ; mais vos ouvrages à venir, j'espère, en feront mieux que moi le vrai tableau.

Dans cette croyance, je vous engage, lorsqu'il sera question d'employer votre adresse, de la conserver dans sa presque totalité pour les choses absolument essentielles, telles que les pivots, les dentures et les engrenages, ainsi que pour toutes les pièces qui constituent un échappement.

Conservez la beauté du plan que vous vous serez formé, afin qu'il soit en tout tems connu pour être le vôtre, et celui que vous avez pris plaisir à bien connaître et rectifier. Alors , la hardiesse et la régularité de votre main se marquera encore assez, sans avoir pris tous les soins et les recherches de l'exécution brillante dont je viens de parler

En cherchant à simplifier , n'étendez pas non plus trop loin vos réformes économiques. Comptez qu'il est peu de vrais artistes qui voulussent pardonner certaines licences, dont le but serait de faire un gain plus considérable ; et il semble que pour plaire à la pluralité d'entre eux , ainsi qu'au public, quelque bonne que puisse être l'intention de l'auteur, il faut encore des ornemens qui accompagnent l'objet principal.

Ne soumettez les premiers essais de votre plan au jugement public qu'après l'avoir bien médité, et que vos épreuves vous en auront assuré la bonté. On admet dans la société plusieurs bigarrures de l'esprit humain, telles que celles du Compère Mathieu; mais je doute que dans les arts, et surtout dans ceux qui sont portés vers un but extrêmement important et si rigoureux dans ses principes, on consentît aisément à recevoir les bigarrures du génie, au lieu d'une théorie fixe, appuyée de l'expérience, et toujours sévère dans tout ce qui concerne l'exécution.

En supposant que vous ayiez fait avec sagesse le plan que je vous desire, observez encore que si nous employons trop de tems aux objets étrangers à l'exactitude, il est bien à craindre que ces derniers, non apparens à la vue, ne souffrent de ce retard.

On pourrait dire au jeune artiste, auquel je suppose du talent, que c'est un vol qu'il se fait à lui-même ; ainsi qu'au public, de ne pas reproduire assez fréquemment ses ouvrages ; car on ne peut douter que l'exécution la plus soignée d'une montre n'exige encore de sévères épreuves.

Si l'on a employé des moyens nouveaux , c'est une raison de plus pour rendre ces épreuves exigibles : car , quel mérite peut-on attribuer à un nouveau principe s'il n'est pas démontré par ses résultats ?

Supposez avec moi deux artistes dont l'un se bornerait à faire chaque année une montre d'épreuve , tandis que le second serait assez actif et laborieux pour en faire douze ; il est clair qu'au bout de vingt ans le premier n'aura que les connaissances représentées par l'âge de vingt ans , pendant que le second jouira réellement de celles représentées par deux cent quarante. Il est facile de sentir combien cette différence donne d'a-vantage au second.

J'insisterai encore , par la remar-que suivante, sur l'utilité des épreuves que l'on ne peut trop renouveler , et je vous dirai que ce n'est que sur le vrai travail de vos mains que vous pouvez être sûrs d'en faire de bonnes, qui ne laissent à votre imagination aucunes craintes pour l'avenir.

Par exemple , vous êtes quatre, et je suppose pour un moment que je vous eusse demandé d'échanger vos ouvrages pour les régler; vous n'au-riez accédé qu'avec peine à cette de-mande, malgré la docilité et la con-fiance que vous avez toujours paru m'accorder.

Si cette vérité avoit besoin de dé-monstration, l'expérience que vous venez d'acquérir serait la véritable : car, lorsque vous avez eu des résultats

discordans entr'eux, chacun de vous
a eu la modestie d'annoncer que telle
ou telle pièce était incertaine, malgré
que l'œil n'aperçut pas des défauts
essentiels et capables de troubler
l'ordre.

Ces pièces, étant refaites avec plus
de précision, vous ont donné de nouveaux résultats, et vous ont dispensés
des erreurs que vous auriez pu commettre par de fausses conjectures, et
de perdre un tems toujours bien précieux à ceux qui desirent le rendre
utile à la société.

Parmi les pièces mêmes auxquelles
vous aviez apporté le plus de soin,
d'après vos lumières et mes recom-
mandations, je veux parler des balanciers composés, vous avez demandé
à en refaire plusieurs, après vous
être assurés des autres parties de la
montre.

Ceux que vous aviez faits en premier ont, à très peu de chose près, la même apparence de *bienfacture;* s'ils n'eussent pas été de vous, vous auriez peut-être craint de prononcer contre eux un arrêt de réforme, et vous auriez pu encore long-tems continuer de fausses et inutiles épreuves.

Il est donc bien vrai qu'il faut que l'horloger connaisse à fond tous les élémens de sa montre, et leur précision ou fidélité d'exécution, pour qu'il puisse apprécier sagement les différentes sommes d'erreurs que chaque partie pourra donner.

La montre dont la marche se trouverait la plus exacte possible dans le premier moment, serait encore insuffisante, si l'on ne pouvait s'assurer d'une constance ou permanence suivie : c'est le mérite le plus essentiel d'une machine qui mesure le tems, celui que nous aurons toujours le plus

de peine à trouver, et dont nous devons sans cesse être occupés.

Dans les différens moyens qui concourent à cette constance, je serois
embarrassé de vous dire celui que je
crois le plus important, tant ils me
paraissent tous exigibles ; j'en ferai,
si vous voulez, une récapitulation
abrégée, qui nous conduira jusqu'à
l'échappement. De là, comme je vous
en ai prévenus, nous reprendrons vos
occupations présentes.

5.

SEPTIEME ENTRETIEN.

Je vais actuellement représenter en gros les élémens qui me paraissent les plus essentiels, et je débuterai par les engrénages, non comme étant simplement du ressort de l'exécution, mais bien plus de celui de la science; et vous en trouverez les principes bien établis dans plusieurs ouvrages de nos savans.

Après les lumières que vous avez acquises, il vous reste encore des difficultés à vaincre. Vous en connaissez plusieurs : vous n'ignorez pas que la plupart sont dans le matériel de la chose, et qu'ayant connaissance de la vraie courbe qui conviendrait soit à des ailes de pignon, soit à des dents de roue, l'exécution des limes propres à remplir ce but ne sera jamais d'accord avec nos desirs.

Les rapports de la force motrice avec la puissance réglante sont de même l'objet de la science, et le géomètre vous indiquera précisément ses produits; mais, dans son calcul, il aura fait abstraction de la résistance des frottemens.

D'accord avec lui, nous desirerions pouvoir les réduire à leur plus simple expression; mais, en même tems, nous ne devons pas perdre de vue les essais que l'expérience nous a fait regarder comme bons.

Je crois, d'après ce que mes épreuves m'ont fait connaître à cet égard, que l'on acquiert plutôt la constance que nous cherchons, par la bonté essentielle des pivots, ainsi que celle des trous dans lesquels ils tournent, que par une diminution hasardée , et trop sujette aux accidens.

Je n'ignore pas que dans les grosseurs de pivots que je vous ai données, soit pour les montres marines du grand calibre, soit pour celles du petit, et portatives au gousset, on pourrait les diminuer un peu ; mais craignons que dans quelques années nous n'ayions lieu de nous en repentir et d'être obligés de réparer péniblement ce qui, loin d'avoir contribué à la constance que nous desirons dans une montre , n'eût fait que hâter sa ruine, et causer beaucoup d'irrégularités.

La perte réelle de la force que nous sacrifions volontairement , et que nous connaissons, sera toujours moins préjudiciable que celle incertaine , à laquelle nous pourrions nous exposer.

Dans le nombre des résistances qui s'opposent le plus à la transmission

totale de la force motrice au régulateur, on peut compter principalement
l'échappement, soit par les défauts de
ses principes, soit par une mauvaise
exécution; ce ne serait rien encore
que la simple résistance au mouvement ou à la plénitude de cette première force motrice, si elle était con-
stante : mais elle ne l'est pas.

Tous les échappemens que nous
connaissons, et que l'on appelle *à repos*, nous ont démontré que la simple
résistance des huiles, plus ou moins
bonnes, changeait considérablement
la marche d'une montre, malgré que
ces mêmes échappemens fussent très
bien exécutés.

Celui à cylindre est, selon mes
épreuves, le plus chargé de ce défaut;
celui à virgule et à demi-virgule, un
peu moins; mais dans les uns et dans
les autres, vous pourrez reconnaître

la grande influence que l'huile a sur eux tous, ce qui a engagé beaucoup d'horlogers à donner la préférence au simple et primitif échappement à roue de rencontre.

Je suis volontiers de leur avis pour tout ce qui n'exige pas une exactitude parfaite ; ce sont d'ailleurs les montres qui, dans la pratique ordinaire, cadrent le plus avec le besoin que les particuliers ont souvent de faire réparer les accidens que leurs montres ont éprouvés.

HUITIEME ENTRETIEN.

Le mot isochronisme, à la manière dont je l'entends, est la propriété d'une lame d'acier pliée en forme spirale, qui, par la progression ascendante de sa force, égalise la vitesse des arcs d'un balancier régulateur d'une montre, malgré que l'étendue de ces arcs diffère, et puisse même différer de beaucoup.

Cette découverte, faite par des artistes français qui l'ont cherchée avec beaucoup de lumières, d'application et d'essais répétés, pouvait à elle seule les illustrer, et mériter, de la part des savans et des artistes, un juste tribut d'admiration et de reconnaissance.

En effet, c'est la base fondamentale

de toute horlogerie exacte, et l'on ne peut pas trop en recommander l'application ; mais sans que toutefois un artiste puisse se permettre de négliger les autres parties de la montre, qui concourent ensemble à son exactitude, telles que la compensation du froid et du chaud, la réduction des frottemens, et autres objets que nous verrons séparément.

Je me permets de traiter cet article si important, et défini par deux auteurs célèbres, parceque je me suis aperçu très souvent que leurs définitions n'étaient pas entendues par un grand nombre d'artistes. Les uns y ajoutent trop de confiance, et négligent des choses essentielles ; d'autres, n'espérant pas parvenir à vaincre une difficulté qu'ils regardent comme au-dessus de leurs forces, consument leur

tems et leurs peines à des choses inutiles au vrai résultat.

Il m'a paru quelquefois, en écou-
tant la conversation de plusieurs artistes discutant sur les propriétés de
l'isochronisme , entendre d'anciens
philosophes disputer sur une méta-
physique obscure et inintelligible ,
dans laquelle ils font toujours abstraction du corps physique, et ne sont
jamais d'accord.

Assurément, nous ne pouvons pas,
en horlogerie, faire abstraction des
corps matériels qui donnent le mouvement, ni de ceux qui le transmet-
tent à la puissance réglante, et qui
devraient toujours conserver leurs
forces dans toute l'énergie qu'elles
avaient dans l'origine. Il est au contraire de notre devoir de rechercher
toutes les causes qui contribuent à

faire diminuer ces forces ; de voir ensuite quel est leur rapport avec le régulateur, lorsqu'elles sont disséminées
par l'augmentation des frottemens, et
l'épaississement des huiles.

Ce sera d'après ces considérations,
appuyées par l'expérience, que je me
permettrai de dire à ceux qui regardent la puissance d'un spiral isochrone
comme seul régulateur, qu'ils se trompent ; et à ceux qui croient pouvoir la
négliger, soit par la difficulté d'y parvenir, soit en employant des moyens
moins directs , qu'ils se trompent
aussi.

Mais, dira-t-on , d'où viennent ces
différentes manières de penser sur un
principe qui semble devoir être, et est
en effet fondamental ? Je me suis fait
maintefois cette question, et voici
ce que j'en pense.

Les deux célèbres auteurs qui ont

rendu compte de leurs travaux, ont pu paraître à une partie du public, comme deux voyageurs savans qui parlent d'un pays nouvellement dé-couvert, rempli de beautés et de productions de la plus grande utilité, mais qui en parlent et le décrivent sous des aspects si différens, que l'on a peine à croire qu'ils cherchent à en faire connaître la route : l'un aborde avec beaucoup de facilité; l'autre, par une route presqu'impraticable à tout autre qu'à lui.

M. Leroy reconnaît la progression propre à donner l'isochronisme dans la longueur seule de la lame du spiral, qu'il suppose parfaitement égale dans son épaisseur et sa hauteur.

M. Ferdinand Berthoud ne voulait pas admettre ce moyen, et il exigeait une lame dont la force fût progressive par ses dimensions, et particulièrement sur celle de l'épaisseur : j'ai déja dit que cette route était impraticable à tout autre qu'à lui ; car quel est l'artiste qui voulût entreprendre ce spiral pour une montre portative au gousset, et du volume ordinaire?

Ces discussions contradictoires, où l'esprit de parti semblait plutôt régner que le vrai amour de la vérité et le desir d'instruire, ont, je crois, empêché beaucoup d'artistes contemporains de faire eux-mêmes des recherches ou des essais qui auraient accéléré les progrès que l'on a faits en horlogerie, et donné lieu à de nouvelles découvertes utiles, peut-être réservées à vous, messieurs, ainsi qu'aux jeunes artistes français ; au moins ce sont là mes desirs.

Dans les différentes épreuves que je vous ai fait faire, vous avez dû remarquer que mon intention a toujours été de vous démontrer tous les avantages que l'isochronisme du spiral procure à une montre ; le degré de précision auquel on peut parvenir, ainsi que celui de la confiance qu'il est permis de lui accorder pour des tems à venir ; enfin, la manière de construire ce même spiral.

La suite de vos ouvrages vous démontrera, encore plus qu'une définition, combien il est nécessaire d'employer ce principe, qui, dès l'instant de sa découverte, a dû devenir élémentaire et fondamental. Je me borne pour ce moment à vous répéter, que s'il est permis de donner au spiral le nom d'ame de la montre, il devient ame *intelligente*, quand il est accompagné de l'isochronisme ; car alors il donne à la machine une régularité à laquelle, je

6.

crois, on ne pourrait jamais parvenir sans les avantages qu'il procure.

Je crois vous avoir fait apercevoir combien il peut encore être utile dans l'horlogerie ordinaire ou générale, et je vous ai de même fait pressentir les obstacles qui détruisent sa puissance ; ils sont presque tous dans le matériel de la machine : ce sont les défauts d'exécution, ceux de proportion dans les mobiles, l'accroissement continuel des frottemens, par la défectuosité des pivots et des trous, l'épaississement des huiles, etc.

Ce sont ces considérations qui m'ont fait dire dans le commencement de cet article que certains artistes, donnant trop de confiance à l'isochronisme, sont tentés de négliger beaucoup de choses nécessaires.

NEUVIEME ENTRETIEN.

Les rapports si essentiels de l'isochronisme avec la correction de température m'engagent à traiter cet article de suite ; vous verrez aisément combien ces deux régulateurs ont besoin de se secourir mutuellement, afin de parvenir à une parfaite exactitude.

Je sais que l'expérience que vous avez déjà acquise pourrait me dispenser de remettre sous vos yeux une partie des choses dont je vous entretiens ; mais je n'en prendrai pas moins la peine ou plutôt le plaisir de vous les représenter encore une fois , et dans l'ordre le plus précis qu'il me sera possible de vous donner.

Je reprends cet article , malgré que

pendant les épreuves de vos montres, je me sois extrêmement appliqué à vous faire sentir la nécessité de l'accord qui doit régner entre ces deux grandes causes de régularité, *l'isochronisme du spiral*, et *le correctif de température* ; j'ai donc lieu d'espérer que vous ne serez pas tenté de détruire l'un par l'autre, surtout dans des machines où l'exactitude rigoureuse est de la plus haute importance.

Ayez, je suppose, un correctif de température de la plus grande précision, la montre passant du chaud au froid, le balancier aura perdu une partie de l'étendue de ses arcs, plus ou moins, et selon que ses frottemens seront diminués et établis dans un état permanent ; mais, quelle que puisse être cette réduction, même en faisant tourner le balancier entre des rouleaux, comme je l'ai fait dans plusieurs de mes montres, et comme je vous l'ai fait faire, il n'en sera pas moins vrai que vous aurez encore une différence dans l'étendue des arcs du balancier. Si donc votre spiral n'est pas isochrone, vous aurez des différences de vitesse que vous attribuerez mal-à-propos au correctif ; peut-être même serez vous tenté de le rendre imparfait, de parfait que je l'ai supposé.

Faisons la supposition inverse, c'est-à-dire, que l'isochronisme soit exact, et le correctif défectueux, soit pour ne pas corriger assez, ou pour corriger trop, soit encore par son inconstance ; vous ne pourrez, dans ce cas-là, obtenir dans vos épreuves qu'un résultat équivoque ; et, si vous donnez confiance au correctif, vous rejetterez peut-être sur le spiral l'erreur qui ne lui appartient pas.

Ces deux genres d'épreuves doivent être faites séparément, ainsi que je vous les ai fait faire en commençant; mais à mesure que l'on approche de la précision, elles peuvent aller ensemble, en observant pour l'une les supputations d'erreurs qui pourraient provenir des choses connues à l'égard de l'autre. On doit ensuite reprendre l'isochronisme à part, et le dégager si l'on peut de toutes choses étrangères à ce point.

Dans des montres d'une utilité très commune, on peut, je crois, se permettre d'employer un genre de correctif qui agisse sur la longueur du spiral, ou simplement sur l'ouverture plus ou moins grande des goupilles du rateau, ouverture variable au moyen d'une lame composée d'acier et de cuivre. Je crois même qu'il serait heureux que des commençans fissent usage de ces

moyens ; mais il faudrait qu'ils exa-
minassent avec beaucoup d'attention
et d'intelligence les différens résultats:
ce serait pour eux le moyen le plus
sûr de les engager à trouver la clef du
vrai isochronisme, ainsi que de la
correction de température ; car ces
deux clefs me paraissent liées ensemble, et tenir à un même cordon.

Les premiers auteurs devaient espérer, je crois, qu'en employant un
correctif de température agissant sur
le spiral, ils auraient la solution du
problême cherché ; et de cette pensée
est dérivé un nombre considérable
de moyens très ingénieux, artiste-
ment employés.

Le tems et les expériences étaient les
seuls moyens d'en constater la vraie
bonté, et de faire connaître le bon,
ainsi que le mauvais côté de la méthode
qui, à la vérité, avait pour elle en

apparence les avantages d'une grande simplicité ; mais ses inconvéniens et ses défauts ont été aperçus de bonne heure par les artistes des deux nations ; et tous à présent semblent être réunis pour ne faire usage que de la correction portée sur le balancier même.

Ce moyen avait été annoncé par M. Pierre Leroy, mais sans détails et encore moins d'épreuves.

Le balancier que je construisis en 1786, pour la montre de M. Chastenai Puiségur, et semblable à ceux que vous faites actuellement, offre un parfait accord avec le spiral ; il ne présente contre lui à l'imagination qu'un peu de difficulté dans son exécution, et la crainte qu'à défaut de la plus grande précision, les parties opposées du balancier, ne se dilatant, ou ne se contractant pas de la même quan-

tité, l'équilibre n'en fût perdu dans
certaines températures ; à quoi il faut
encore ajouter la crainte d'un état de
stagnation où les lames se trouveraient
en effet, si les deux métaux de dila-
tation différente , et que je suppose
cuivre et acier , n'avaient pas entre
eux la liaison, la plus parfaite possible. Mais les moyens d'exécution et
de pratique vous sont à présent fami-
liers , et vous avez eu plusieurs occasions de vous persuader que les
balanciers qui étaient incertains dans
leurs effets, ne l'étaient que par des
défauts d'exécution que vous-mêmes
avez reconnus.

Observez aussi qu'il est de la plus
grande importance de donner à chaque partie des lames du balancier la
plus grande élasticité possible; vous
y parviendrez en laissant l'acier très
dur , c'est-à-dire au point qu'il ne

fasse que permettre une exécution pénible à la vérité , mais très fidèle , surtout dans ce qui concerne les opérations du burin et du tour ; ayez soin de lui donner le moins d'épaisseur possible , et ne l'opposez à une partie de cuivre que tout au plus d'un tiers au dessus ; il est de même essentiel que ce dernier, le cuivre, soit très dur, afin qu'il puisse concourir à l'élasticité que son effet exige ; car, si nous y faisons bien attention, il doit agir avec la même vitesse inverse que celle que la température produit sur le spiral. Celui-ci a la plus grande liberté d'action et de réaction. Nous devons donc faire en sorte d'imiter dans nos correctifs artificiels cette grande liberté d'effet que l'air imprime tout de suite sur une lame simple et très élastique.

Il est de même important que les

grandes masses qui portent les vis
réglantes ne contrarient pas le mouvement des lames, et qu'elles soient
prises dans un cercle de même dia-
mètre.

Les vis réglantes demandent aussi
une très bonne exécution, afin que le
plus léger changement, que l'on desire
faire, produise son effet selon la vitesse du pas de taraud.

Vous connaissez les soins particuliers que le spiral exige, et votre expérience vous a fait sentir combien il
serait inutile qu'il fût très bien fait,
s'il était gêné ou contrarié dans ses
deux points de pression, soit dans la
virole ou dans le piton.

Vous n'ignorez pas de même qu'il
serait nul d'avoir trouvé un point
d'isochronisme basé sur la gêne ou
tension que pourrait donner le piton;
car vous ou d'autres qui seriez obligés

de le retrouver après un *démontage*
de la pièce, ne pourriez y parvenir
qu'avec beaucoup de peine.

Je ne puis dire assez toute l'importance de cette partie délicate (cellé
du spiral), et combien j'ai trouvé
avantageux de renoncer totalement à
son ancienne forme. Vous voyez même
à quel point je me gêne dans les petites montres portatives au gousset,
pour me procurer la place d'un spiral
cylindrique. Dernièrement encore,
vous m'en avez vu supprimer quatre
anciens, sans m'inquiéter de la perte
que cela me causait, et construire
des balanciers exprès, de manière à
me permettre d'employer un spiral
cylindrique de huit tours de hauteurs. Le contentement de la marche
de chacune de ces montres m'a dé-
dommagé parfaitement du sacrifice
que j'avais fait, soit en sommes d'ar-

gent ou travail, soit en nouvelles épreuves.

J'ai souvent regretté de ne pas avoir employé dans un plus grand nombre de montres, le genre de spiraux que je construisis en 1793 ; vous savez qu'ils sont en forme de fusée, et ont le double avantage de présenter par la différence des rayons de chacun des tours ou spires, une vraie progression de force ascendante, et qu'une très petite distance en hauteur entre les lames ne permet pas qu'elles puissent jamais se heurter, inconvénient très fréquent aux spiraux ordinaires.

Je vous ai fait voir plusieurs de ces spiraux encore non destinés ; et, à mesure que les anciennes montres me sont revenues pour être nettoyées, je vous ai de même fait voir ceux qui sont employés.

: Les cahiers ou journaux relatifs à ces montres , ainsi que la marche qu'elles donnent après le *nettoyage*, m'assurent qu'ils ont un degré de précision de plus que les spiraux cylindriques ; et dans ce moment-ci, le n° 31 me confirme encore dans cette opinion.

Il est fâcheux que la difficulté de les plier, et encore plus celle de se procurer de l'acier assez malléable pour réussir toujours à leur donner la figure que je desire, m'empêchent quelquefois d'en faire un usage plus fréquent.

DIXIEME ENTRETIEN.

Les pierres percées, qui reçoivent les pivots, ainsi que celles formées pour les échappemens, ont été mises en usage par les Anglais long-tems avant nous. Elles commencent à se multiplier avec abondance, et ont assurément été une des causes de la supériorité que leurs ouvrages ont eue sur les nôtres pendant quelques années.

Remercions les artistes qui les premiers ont ajouté à notre horlogerie ce moyen précieux de conservation et de précision ; mais gardons-nous aussi de lui donner une confiance aveugle, et de croire que nous pouvons nous relâcher sur la *bienfacture* et la bonté des pivots, non plus que sur celle des engrénages : ce serait, à peu de chose près, s'exposer aux mêmes dangers que ceux dont je viens de parler au mot *isochronisme*.

Il serait à desirer que tous les horlogers exécutassent eux-mêmes toutes les pierres dont ils ont besoin dans leurs ouvrages, soit celles qui servent aux pivots, soit pour des parties d'échappement. Ce genre de travail exige plus que tout autre une exécution très fidèle, le choix des pierres et de leurs différentes espèces.

Ce n'est guère que par la pratique et la manutention de ce genre de travail que l'on acquiert assez de connaissances pour distinguer à la vue une pierre bonne et bien fine d'avec celle qui, par l'usage, détruirait le pivot plus que n'aurait fait un simple trou de bon cuivre.

Car le travail extérieur de la pierre que je suppose vicieuse peut avoir un brillant d'exécution sur les quatre-vingt-dix-neuf centièmes de sa surface, qui éblouissent et en imposent à la plupart de ceux qui n'ont pas les connaissances pratiques ; mais l'autre centième, je veux dire le trou, sera négligé, et portera en lui tous les défauts d'exécution qui le rendent destructif du pivot, soit par le manque de parallélisme de ses parois avec celles du pivot, soit par des angles mal terminés, des égrenures, ou des défauts mêmes de la pierre.

La remarque que je fais ici est la suite de mon expérience, car avant que j'eusse pratiqué ce genre de travail, j'avais reçu beaucoup de pierres étrangères, qui, loin de conserver les pivots, les détruisaient ; pendant que les trous de mes anciennes montres, simplement en cuivre de chaudière bien forgé, se conservaient parfaitement. De ce nombre sont celles que j'ai citées précédemment.

ONZIEME ENTRETIEN.

Malgré qu'il n'entrât pas dans mon plan de vous parler d'horlogerie de commerce ou ordinaire, mais pourtant bonne, je crois devoir vous faire part de ce que l'expérience m'a fait connaître à cet égard, afin de vous engager à préférer toujours la bonté des principes et d'une bonne exécution à l'économie apparente que présentent plusieurs des moyens mis en usage dans le commerce.

J'observe que le tems que vous emploîriez de plus en main-d'œuvre dans la totalité d'une montre que je suppose de trente louis de valeur, peut être apprécié d'avance à vingt ou trente francs, supposons même

cinquante francs, que vous auriez dé-
pensés de plus pour des moyens plus
directs et une exécution plus soignée:
que sera cette dépense en comparaison des peines, des lenteurs, et encore plus des inquiétudes que laissera
toujours après lui l'emploi des *demi-
moyens ?* Je me permets ce nom pour
exprimer d'avance le peu de cas que
vous en ferez lorsque l'expérience
vous en aura démontré le peu de valeur.

La remarque que je fais ici est portée sur les trois bases essentielles d'une
bonne montre : l'échappement, le
spiral, et le balancier correctif. Vous
ayant déja parlé des deux autres parties, je me bornerai, pour ce moment,
de vous entretenir de l'échappement,
et je me permets de vous assurer que
lorsque vous voudrez faire usage de
ceux que l'on emploie à présent dans

le commerce, soit celui à ancre de Mudge avec acier et cuivre seulement, au lieu des pierres qu'il employait, vous verrez promptement l'incertitude de ses effets et sa tendance à se détruire.

Un autre échappement plus moderne et composé de deux roues, deux leviers et un repos, que l'on nomme, je crois, *duplex*, présente à-peu-près autant d'incertitude dans ses effets; et son exécution, pour être bonne, exigerait beaucoup de soins et de dépenses.

L'échappement à ressort, tel que le faisait Arnold, a de même beaucoup de défauts, que la première épreuve vous fera apercevoir, entre autres celui du peu de vitesse que l'on peut donner à ses effets dans le cas où des mouvemens violens augmentent l'étendue et la vitesse des

ars , à moins que de donner à ce premier ressort une force qui se met
trop directement en opposition avec
l'isochronisme du spiral.

DOUZIEME ENTRETIEN.

J'ai négligé jusqu'à ce moment de vous parler du *réglage* des différentes positions dans lesquelles une montre peut passer et passe nécessairement lorsqu'elle est portée ; j'ose croire que vous me pardonnerez cet oubli, parceque l'expérience et les peines que vos montres vous ont données à cet égard vous ont bien persuadés que les règles générales sont entourées de tant d'exceptions, que ce travail et les épreuves de cette partie délicate et si importante ne doit appartenir qu'à votre intelligence, et ne peut être soumise à des leçons.

Je vois même très peu de parties

de notre horlogerie où la vraie intelligence dans l'accord et l'ensemble
des principes constitutifs ait plus
d'occasions de se développer ou mettre en pratique.

Cette vérité se remarque surtout
par le *désaccord* que des horlogers
peu exercés dans cette partie-là donnent aux montres qui leur sont con-
fiées pour des nettoyages ou des réparations à faire après des accidens.

Disons donc, à cet égard, que si
maintefois les recherches que vous
avez été obligés de faire vous ont
donné des peines infinies, elles vous
ont procuré aussi une connaissance
plus intime des défauts, soit de l'exécution, soit de la somme des frottemens, soit même de ceux du non
isochronisme qui vous était inconnu
avant ces épreuves : tous défauts
qu'une seule position horizontale vous

aurait fait négliger, et qui pourtant se seraient annoncés par la suite.

Les preuves que vous avez déja acquises dans cette partie vous démontrent la différence extrême qui existe entre la difficulté de donner de la régularité à une très grande machine fixée horizontalement ou dans la ligne verticale, ou d'être obligé de donner cette même régularité à une très petite machine portative et sujette continuellement aux changemens des positions et des températures ; mais aussi combien cette dernière n'offre-t-elle pas d'avantages à l'observateur, soit sur terre, soit à la mer !

Ce sont ces avantages que les savans et les marins, dont j'ai eu l'honneur de vous parler, avaient en vue, et qui les engagea tant, en 1785, à me faire poursuivre mes premiers essais.

La noblesse et la loyauté de leur

caractère français voyait avec peine l'anglomanie s'introduire en France ; et, aux risques de perdre leur tems, leurs peines et leur argent, ils encourageaient tous les jeunes artistes français à seconder leurs vues.

Il est donc de notre devoir de construire des montres portatives au gousset, dont l'exactitude soit telle, qu'elles puissent être employées à la détermination des longitudes terrestres ; car il vous est facile de concevoir combien il est pénible pour l'ingénieur hydrographe, et quelquefois dangereux, de faire transporter les grandes horloges marines montées sur leurs suspensions. Considérons de plus que ces avantages sont encore utiles à la mer, lorsqu'il est nécessaire de lever les plans d'une côte ou d'un pays, ainsi que vous l'avez vu dans le voyage de l'amiral d'Entrecasteau.

(91)

Vous auriez le droit de vous éton-
ner si, après vous avoir parlé tant de
fois de l'exactitude que nous recher-
chons, je négligeais de vous recommander l'emploi des moyens les plus
certains, et je crois les seuls capables
de nous démontrer la régularité ou
les irrégularités de nos ouvrages.

Les moyens dont je veux parler
parler sont ceux que procure l'astronomie, que plusieurs savans professeurs ont mis à la portée des simples
artistes.

Tel est le premier volume des
œuvres de M. Lalande, les Lettres
sur l'Astronomie, etc.

Je desire beaucoup que vous puis-
siez mettre leurs leçons en pratique,
et posséder les deux genres d'instrumens qui sont nécessaires pour la
perfection de notre horlogerie. Je ne
doute pas que vous n'ayez autant de
zèle à vous les procurer que j'en avais

moi-même dès le commencement de mes essais dans les montres marines.

Mais ma position à Paris ne me permettait pas de jouir des avantages que je desirais tant ; et vous savez que depuis dix-huit ans que je possède la très petite maison que nous habitons, j'ai sacrifié tous les avantages que l'on desire tant à la campagne en fait de localité, à ceux qui m'ont procuré l'ensemble dans mes travaux, et un véritable atelier complet.

Mais ce que je fis alors avec le plus d'empressement fut d'établir et fixer d'une manière certaine un très bon instrument des passages ou lunette méridienne.

Vous en avez fait usage, ainsi que du quart de cercle, pour les hauteurs correspondantes, lesquelles nous ont certifié la position de l'instrument dans le plan du méridien.

Il vous a été facile d'apercevoir que sans ces méthodes nous ne pourrions pas affirmer la marche réelle d'un objet d'horlogerie , et qu'avant d'employer la marche d'une pendule pour déterminer celle de nos montres , il faut connaître à fond tous les élémens de la première , afin de parvenir à corriger ses défauts. Vous savez qu'à toutes celles des miennes que je me permets d'appeler exactes ou astronomiques , j'ai fait subir aux verges des épreuves de température depuis 5 degrés au-dessous de glace, jusqu'à 25 et 30 degrés de chaleur.

Le mouvement intérieur, et surtout l'échappement , étant exempts de l'excès des frottemens, qu'on laisse mal-à-propos à ce genre d'horlogerie, et l'exécution en étant rapprochée beaucoup de la délicatesse que nous employons dans nos montres portatives, je crois pouvoir affirmer que les variations dont je cherchais à connaître la cause et l'étendue n'ont pu en avoir d'autre que celle des diverses températures, car la pendule n'éprouvait aucun changement de position, ni autres sujets de dérangement.

Chacune des épreuves ont été continuées pendant trois à quatre jours, et répétées, selon que la marche indiquait une correction à faire sur la longueur des *verges* ou *châssis*.

Pendant ce tems-là, l'ancienne pendule, à laquelle je comparais la nouvelle, ne soûffrait aucun changement de température, et de plus était vérifiée par les passages au méridien soit du soleil ou des étoiles.

D'après ce que je viens de dire, je crois que nous pourrons conclure que ce ne sera qu'après que vous aurez donné à une pendule l'exactitude capable de soutenir un grand nombre d'observations de ce genre, qu'elle pourra devenir le régulateur de vos ouvrages.

Je crois devoir donner ici le plan que je m'étais proposé, et je le fais d'autant plus librement, que je vous prie, Messieurs, d'être bien persuadés que j'aurai toujours un vrai plaisir à réparer les omissions et les fautes sans nombre que j'ai pu faire dans une narration à laquelle je n'étais point préparé.

J'ai eu l'honneur de faire mon rapport à S. Exc. le Ministre du commerce et des manufactures, et de lui parler de votre avancement. Je me crois permis d'en rapporter ici les dernières paroles, parceque je les crois justement appliquées à votre égard.

« . . . .

« . . . . Les talens de ces Mes-
« sieurs annoncent que pour parve-

« nir à une grande précision, ils n'ont
« plus besoin que du *tems* et de l'*ex-*
« *périence*, deux directeurs au-dessus
« de mes faibles lumières, et aux le-
« çons desquels je crois qu'ils peuvent
« être livrés dans ce moment, non
« seulement sans crainte, mais avec
« beaucoup d'espérance de succès. »

Permettez que je place ici pour de-
vise celle que j'avais donnée à l'une
des deux montres qui ont remporté
le prix proposé par l'Institut en l'an
VI; je la crois toujours applicable à
l'horlogerie, et c'est par elle que je
terminerai ce très faible abrégé de
mon travail :

AU TEMS, QUI INSTRUIT.

APPENDIX.

Sɪ l'on veut connaître la régularité de mouvement que la montre n° 14 a conservée pendant le voyage du contre-amiral d'Entrecasteaux, envoyé à la recherche de La Pérouse, on peut consulter le second volume de la relation de ce voyage, dans lequel on trouve, jour par jour, les observations qui ont été faites à terre pour la régler, ainsi que celles qui ont servi à déterminer la longitude dans les mers éloignées, pendant une navigation d'environ deux ans. Les résultats y sont donnés à la suite de chaque observation ; et leur exactitude a été discutée de manière à faire connaître la confiance que l'on doit accorder aux longitudes obtenues par cette montre de M. Louis Berthoud. Il serait inutile de répéter ce qui a été dit dans l'ouvrage dont on vient de parler; on se contentéra de donner ici les différentes variations diurnes observées dans les divers ports où l'expédition du contre-amiral d'Entrecasteaux a relâché. On verra que ni l'agitation du vaisseau, ni la différence des degrés de température, n'ont altéré sensiblement le mouvement de cette montre; on remarquera seulement qu'il a toujours eu une tendance à l'accélération, qui, par sa continuité, ne peut être attribuée à des causes accidentelles, comme le roulis et le tangage, ou comme le passage du froid au chaud; mais qu'elle ne peut provenir que d'une cause dont l'effet a été constant, et paraît ne pas devoir être attribuée à autre chose qu'à l'épaississement des huiles, auquel les meilleurs artistes de l'Europe n'ont pu jusqu'à présent remédier.

Mouvement de la montre n° 14, pendant la campagne du contre-amiral d'Entrecasteaux, envoyé à la recherche de La Pérouse.

Sainte-Croix de Ténériffe, le 20 oct. 1791. Ret.— 8″,9.
7″,4 en 3 m. $\frac{1}{2}$.

Cap de Bonne-Espérance, le 3 fév. 1792. Ret. — 1,5.
3″ en 3 m. $\frac{1}{2}$.

Port du Nord, le 12 mai 1792. Av. + 1,5.
0,6 en 4 m. $\frac{3}{4}$.

Amboine, le 9 octobre 1792. Av. + 2,1.
4,5 en 2 m.

Port de l'Espérance, le 16 déc. 1792. Av. + 6,6.
1,5 en 1 m. $\frac{2}{3}$.

Port du Sud, le 8 février 1793. Av. + 8,1
2,9 en 2 m.

Tongatabou, le 6 avril 1793. Av. + 5,2.
3,4 en 1 m.

Balade, le 6 mai 1793. Av. + 8,6.
3″,1 en 3 m. $\frac{1}{2}$.

Boni Ile Waigniou, le 23 août 1793. Av. + 10,7.

Les variations diurnes conclues des observations faites à des jours consécutifs, et dont on a conclu la variation diurne de la montre en 24 heures, doivent être affectées des erreurs des observations, qui ne peuvent pas être de beaucoup plus de 1″ ; et en supposant que les erreurs des deux observations consécutives soient en sens contraire, la variation diurne que l'on en conclurait pourrait être en erreur de $2''$; néanmoins les différences de ces variations diurnes consécutives sont très souvent au-dessous de $1''$; souvent elles sont de $1''$; elles montent rarement à deux, et l'on n'en trouve que quelques unes qui aillent à $3''$: par conséquent l'on peut en conclure que le mouvement de la montre n'a éprouvé que des altérations insensibles pendant le tems qu'elle a été réglée.

A l'inspection du tableau précédent, il est facile de remarquer que du 20 octobre 1791 au 3 février 1792, c'est-à-dire pendant la traversée de Ténériffe au Cap de Bonne-Espérance, qui a duré trois mois et demi, le mouvement de la montre a été accéléré de $7'',4$ en 24 heures. On ne pense pas qu'une aussi grande altération doive être attribuée à aucun défaut de la montre; on croit qu'elle provient de ce l'on avait l'habitude de la porter long-tems pendant le jour. Aussi depuis que l'on avait pris le parti de ne jamais y toucher que pour la monter et pour la comparer à la montre sur laquelle on comptait les heures des observations, son mouvement a-t-il été beaucoup plus régulier. Le plus grand changement qu'il ait éprouvé a eu lieu pendant la traversée de Tongatabou à Balade ; et il a été de 3″,4 en un mois ; mais il paraît qu'il s'est opéré comme tous les autres par une accélération progressive : car, en supposant qu'elle a été telle, les longitudes obtenues par la montre se sont rapprochées de la manière la plus satisfaisante de celles des observations astronomiques. L'intervalle entre les deux époques où l'on a réglé la montre était si court, que la correction n'a été que de 3′ de degré.

Pendant toute la durée de la navigation du contre-amiral d'Entrecasteaux, la différence entre la longitude de la montre n⁰ 14 et celle des observations n'a jamais été, au bout d'un mois, que d'un petit nombre de minutes ; après deux mois de navigation, elle n'a jamais été de 18′ ; après une traversée de près de cinq mois, il n'y a eu que 20 minutes d'erreur. Pendant la dernière traversée, qui a été de trois mois et demi, le mouvement diurne de la montre a varié de 2″,1 en plus, et l'erreur de la longitude corrigée a été de 38′ ; mais d'après la variation diurne trouvée à Balade, on avait calculé à Boni une longitude qui ne différait que de 11′ de celle des observations astronomiques. Il est à remarquer que le résultat obtenu par la variation observée à Balade est celui dont on s'est servi pour attérir sur l'île de Waigniou, et qu'il a donné la position du vaisseau à trois lieues deux tiers près ; erreur que l'on peut regarder comme nulle pour la sûreté de la navigation.

D'après les calculs des observations qui se trouvent dans le deuxième volume du voyage du contre-amiral d'Entrecasteaux, on peut voir que la montre n.º 14 a donné toujours la longitude au bout de trois et quatre mois de navigation, à sept à huit lieues près. L'erreur n'a été qu'une seule fois plus considérable ; mais c'est après que l'on eut éprouvé, sur la côte de la Nouvelle-Hollande, des mauvais tems prolongés et plusieurs coups de vent.

La régularité de ses mouvemens peut faire juger la grande exactitude des différences en longitude, des points rapprochés les uns des autres, et par conséquent des bases qui ont servi à la construction des cartes levées pendant le voyage. Des montres marines, exécutées d'après les mêmes principes que la montre n.º 14 de M. Louis Berthoud, et avec la même perfection, sont sans doute le meilleur moyen que nous ayons de perfectionner la géographie.

TABLEAUX

DE LA MARCHE DE LA MONTRE N.º 111,

ET RÉFLEXIONS

SUR LA REGULARITÉ DE SON MOUVEMENT,

Par M. de ROSSEL.

JANVIER.

Marche de la montre marine, comparée au tems moyen.

1809. Jours du mois.	Heure à la pendule.		Heure à la montre.			Avance ou retard en 24 heures.	
Janvier.	h.	m.	h.	m.	s.		s.
3	3.	8.	2.	58.	26,33	A	1,73
4	10.	49.	10.	39.	27,75	R	0,23
5	1.	12.	1.	2.	27,5	A	1,36
6	11.	13.	11.	3.	28,75	A	2,91
7	4.	0.	3.	50.	32,25		
8	10.	39.	10.	29.	35,75	A	4,49
9	9.	55.	9.	45.	38,0	A	2,52
11	10.	19.	10.	9.	42,5	A	2,23
12	10.	8.	9.	58.	45,75	A	3,28
13	9.	33.	9.	23.	49,33	A	3,67
14	11.	19.	11.	9.	51,5	A	2,02
15	11.	10.	11.	0.	52,0	A	0,5
16	9.	40.	9.	30.	52,5	A	0,12
17	11.	36.	11.	26.	52,5		0,0
18	3.	9	2.	59.	51,66	R	0,73
19	3.	24,	3.	14.	51,5	R	0,16
20	2.	27.	2.	17.	50,66	R	0,88
21	11.	5.	10.	55.	50,0	R	0,77
22	9.	24.	9.	14.	50,0		0,0
23	3.	27.	3.	27.	49,66	R	0,27
24	2.	8.	1.	58.	48,0	R	1,77
26	2.	38.	2.	28.	48,5	A	0,25
27	10.	13.	10.	3.	49,75	A	1,53
28	9.	16.	9.	6.	50,33	A	0,62
28	3.	14.	3.	4.	51,0	A	2,42
29	9.	13.	9.	3.	52,75	R	0,12
31	11.	10.	10.	0.	52, 5		

FÉVRIER.
Marche de la montre marine, comparée au tems moyen.

1809. Jours du mois.	Heure à la pendule.		Heure à la montre.			Avance ou retard en 24 heures.	
Février.	h.	m.	h.	m.	s.		s.
1	11.	14.	11.	4.	52,25	R	0,25
2	12.	55.	12.	45.	53,0	A	0,70
3	3.	8.	2.	58.	53,33	A	0,30
4	10.	59.	10.	49.	54,75	A	0,36
5	9.	21.	9.	11.	56,0	A	1,54
6	9.	52.	9.	42.	57,5	A	1,47
7	9.	9.	8.	59.	59,0	A	1,55
8	9.	12.	9.	2.	59,5	A	0,5
9	10.	58.	10.	49.	2,33	A	2,63
10	11.	44.	11.	35.	4,0	A	1,61
11	10.	13.	10.	4.	5,66	A	1,77
12	9.	28.	9.	19.	10	A	4,47
13	2.	40.	2.	31.	15,5	A	4,52
14	9.	21.	9.	12.	17	A	1,93
15	11.	47.	11.	38.	20,66	A	3,53
16	10.	27.	10.	18.	22,5	A	1,95
17	11.	21.	11.	12.	25,	A	2,41
18	1.	27.	1.	18.	28,67	A	2,78
19	9.	32.	9.	23.	29,67	A	1,2
20	4.	45.	4.	36.	33,33	A	2,82
21	11.	23.	11.	14.	35, 3	A	2,54
22	9.	27.	9.	18.	36,67	A	1,49
23	2.	15.	2.	6.	39	A	1,94
24	9.	18.	9.	9.	40,67	A	2,11
25	9.	32.	9.	23.	41,67	A	0,99
26	11.	36.	11.	27.	42,67	A	0,92
27	8.	53.	8.	44.	42,3	R	0,42
28	9.	59.	9.	50.	44,67	A	2,27

MARS.

Marche de la montre marine, comparée au tems moyen.

1809. Jours du mois.	Heure à la pendule.		Heure à la montre.			Avance ou retard en 24 heures.	
Mars.	h.	m.	h.	m.	s.		s.
1	11.	2.,	10.	53.	45,67	A	0,96
2	11.	14.	11.	5.	46,5	A	0,82
3	1.	25.	1.	17.	47,0	A	0,46
4	2.	53.	2.	44.	48,3	A	1,25
5	9.	22.	9.	23.	49,0	A	0,91
6	5.	4.	4.	55.	50,33	A	1,01
7	11.	2.	10.	53.	51,5	A	1,56
8	10.	0.	9.	51.	52,67	A	1,22
9	1.	56.	1.	47.	54,0	A	1,14
10	1.	34.	1.	25.	55,0	A	1,02
11	10.	41.	10.	32.	57,0	A	2,27
12	10.	41.	10.	32.	59,0	A	2,0
13	10.	18.	10.	10.	1,0	A	2,04
14	9.	13.	9.	5.	2,67	A	1,75
15	10.	19.	10.	11.	3,67	A	0,96
16	3.	13.	3.	5.	7,67	A	3,32
18	9.	13.	9.	5.	4,33	R	1,91
19	9.	17.	9.	9.	11,33	A	6,97
20	9.	50.	9.	42.	14,0	A	2,61
21	1.	56.	1.	48.	17,0	A	2,57
22	12.	43.	12.	35.	19,0	A	3,16
23	10.	0.	9.	52.	21,33	A	1,5
24	9.	37.	9.	29.	23,67	A	2,38
25	9.	46.	9.	38.	26,67	A	2,99
27	10.	24.	10.	16.	30,67	A	2,98
28	9.	57.	9.	49.	32,67	A	2,03
29	8.	29.	8.	21.	34,67	A	2,13
30	2.	48.	2.	40.	38,0	A	2,64
31	11.	32.	11.	24.	40,67	A	3,06

AVRIL.

Marche de la montre marine, comparée an tems moyen.

1809. Jours du mois.	Heure à la pendule.		Heure à la montre.			Avance ou retard en 24 heures.	
Avril.	h.	m.	h.	m.	s.		s.
1	10.	7.	9.	59.	41,67	A	1,06
3	10.	43.	10.	35.	47,0	A	2,64
4	9.	39.	9.	31.	49,0	A	2,09
5	2.	30.	2.	22.	52,67	A	3,06
6	11.	1.	10.	53.	54,67	A	2,34
7	9.	32.	9.	24.	56,33	A	1,77
8	9.	31.	9.	23.	58,3	A	1,97
9	8.	28.	8.	21.	0,0	A	1,78
10	9.	26.	9.	19.	2,67	A	2,56
11	1.	41.	1.	34.	5,0	A	2,05
12	10.	14.	10.	7.	7,67	A	3,12
13	7.	54.	7.	47.	9,67	A	2,21
14	9.	55.	9.	48.	13,33	A	3,38
15	9.	46.	9.	39.	16,0	A	3,54
16	3.	19.	3.	12.	19,0	A	2,44
17	8.	24.	8.	17.	21,0	A	1,4
18	8.	50.	8.	43.	23,67	A	2,64
19	9.	39.	9.	32.	26,33	A	2,9

RÉFLEXIONS

Lorsque l'on veut obtenir la longitude au moyen d'une montre marine,
il faut avant de l'embarquer chercher
à connaître, par des observations astronomiques ou par des comparaisons
faites à une pendule bien réglée, la
quantité dont son mouvement s'é-
carte du tems moyen en vingt-quatre
heures : c'est ce que l'on appelle sa
variation diurne. Les observations ou
les comparaisons ne peuvent être
faites qu'à terre, c'est-à-dire lorsque
la montre n'éprouve aucun mouvement étranger qui puisse altérer la
régularité des oscillations du balancier. L'expérience a prouvé que les
variations diurnes trouvées de cette
manière peuvent être employées en

mer à calculer l'heure du port de départ, et par conséquent la longitude avec beaucoup de précision. Les mouvemens que l'agitation d'un vaisseau communique aux montres marines n'ont donc pas une influence sensible sur l'étendue des arcs de vibration du balancier ; ou du moins s'ils en ont une dans les très mauvais tems, il ne paraît pas que les erreurs qui en résultent sur la longitude soient très considérables. Cette vérité une fois reconnue, on conviendra facilement que si l'on compare une montre marine à une pendule bien réglée longtems avant de l'embarquer, il sera possible de se former une idée très juste de la précision avec laquelle elle doit procurer la longitude. Il serait même avantageux de répéter des comparaisons de cette espèce sur un grand nombre de montres : on en tirerait de très grandes lumières relativement à

la confiance que l'on peut accorder aux
longitudes obtenues par des montres
marines, soit que l'on veuille s'en
servir pour diriger un vaisseau,
soit qu'on les emploie à déterminer
des positions géographiques. Ces réflexions m'ont engagé à faire un premier essai sur la montre marine n° 111
de M. Champagni, actuellement duc
de Cadore, et à chercher quelle aurait été la précision des longitudes
obtenues avec cette montre, pendant
le tems qu'elle a été comparée à la
pendule de M. de Fleurieu, qui
suivait presque exactement le tems
moyen, et qui est une des meilléures
qui soient sorties des mains de M.
Louis Berthoud.

Nous calculerons d'abord les variations diurnes qui ont eu lieu pendant
chacun des mois où l'on a fait des
comparaisons, afin de prendre une

idée générale de la régularité des
mouvemens de la montre ; ensuite,
au moyen des comparaisons de janvier et de celles qui ont été faites en
avril, nous conclurons deux variations diurnes, que l'on pourra considérer comme étant celles qui auraient
été observées avant et après une navigation dont la durée aurait été de
deux mois. Nous chercherons aussi
les variations diurnes que l'on aurait
observées avant et après une navigation de trois mois. Nous conclurons
de ces données et pour les deux cas
supposés l'erreur des longitudes que
l'on aurait obtenues par la montre,
si ces longitudes avaient été calculées
avec la variation diurne déduite des
premières comparaisons. Les variations diurnes calculées par les comparaisons des derniers jours étant un
peu plus grandes que celles des premiers, nous examinerons si les cor-

rections que l'on aurait appliquées aux longitudes déja trouvées, en supposant que le mouvement eût été uniformément accéléré, auraient beaucoup contribué à en augmenter la précision. Cette dernière considération ne doit pas être regardée comme la moins utile; car les longitudes ainsi corrigées servent à fixer les positions géographiques, des points les plus importans à la navigation, et sont par conséquent celles qui doivent être déterminées avec le plus de précision.

Examen de la régularité que la montre a conservée dans son mouvement. Variations diurnes de la montre dans l'intervalle des comparaisons.

Janvier.	Février.	Mars.	Avril.
$+0'',93.$	$+1',94.$	$+1',84.$	$+2'',5.$

On doit remarquer que le mouve-

ment de la montre a été aussi régulier qu'il est possible de le desirer,
puisque dans l'espace de près de
quatre mois, son avance diurne n'a
augmenté que de 1″,6. Le mouvement a été sensiblement uniforme en
février et en mars ; cependant comme
la variation diurne trouvée en janvier
est plus faible que celle de ces deux
mois, et que la variation diurne trouvée en avril est plus forte, on pourrait supposer, sans craindre de grandes
erreurs, que le mouvement a été uniformément accéléré.

Examen des longitudes absolues.

L'avance diurne + 0″,93 a été cal-
culée avec les comparaisons des 3
et 31 janvier. L'avance + 2″,5 provient des comparaisons des 1ᵉʳ et 19
avril. La première de ces deux avances

est donc celle qui constate le mouvement de la montre le 31 janvier, et
est aussi la variation diurne que l'on
aurait dû employer pour calculer les
longitudes. Dans la supposition que
le mouvement aurait été uniforme,
l'autre avance de $+\,2''{,}5$ est la variation diurne le 1er avril, et aurait
servi à corriger les longitudes obtenues par la première de $0''{,}90$. Ces
longitudes eussent été corrigées, dans
la supposition que le mouvement de
la montre aurait été uniformément
accéléré. On a rassemblé dans le tableau suivant les erreurs dont eussent
été affectées les longitudes que l'on
aurait observées depuis le 31 janvier
jusqu'au 1er avril, dans l'espace de
soixante jours.

Erreurs des longitudes que l'on aurait obtenues dans la supposition que le mouvement a été uniforme, et dans celle qu'il a été uniformément accéléré.

	Uniforme.	Uniformém. accél.
Le 10 février	0'. 33".	0'. 30".
Le 20 *id.*	5. 33.	5. 6.
Le 2 mars	6. 36.	5. 1.
Le 12 *id.*	7. 19.	3. 43.
Le 22 *id.*	10. 15.	3. 15.
Le 1er avril	13. 21.	1. 49.

Au bout de soixante jours, la longitude obtenue par cette montre n'aurait donc été en erreur que de $13'\ 21''$ de degré, c'est-à-dire au plus de quatre lieues un tiers.

Si la montre avait été employée à déterminer des positions géographiques, il eût fallu corriger la longitude observée le 1er avril, ainsi que celles

des jours intermédiaires entre le 31
janvier et le 1er avril, dans la supposition que la variation diurne 0″,93 a
augmenté par un mouvement uniformément accéléré, et est devenue égale
à celle de 2″,5, qui résulte des comparaisons du mois d'avril. Alors, au
bout de soixante jours, l'erreur de la
longitude corrigée n'aurait été que
de 1′,49″, ou un peu plus d'une demi-
lieue. La plus grande erreur des jours
intermédiaires entre le 31 janvier et
le 1er avril aurait été de 5′, c'est-à-
dire au plus d'une lieue deux tiers.
Je suppose, en second lieu, que l'on
calcule la variation diurne de la montre par les comparaisons des 3 et 11
janvier, elle sera en avance de +2″,02;
si l'on conclut des comparaisons des
11 et 19 avril une autre variation
diurne, elle sera de +2″,61. On pourra
supposer, ainsi que nous l'avons déja

fait, que ces deux variations diurnes
ont été observées avant et après une
navigation de quatre-vingt-dix jours
ou trois mois , qui aurait commencé
le 11 janvier et aurait fini le 11 avril.
Il sera facile de conclure de ces données les erreurs des longitudes que
l'on aurait obtenues en supposant
que la variation diurne de $+2'',02$ eût
été uniforme ; et l'on trouvera également les erreurs des longitudes corrigées dans la supposition que la variation diurne $+2'',02$ est devenue
égale à celle de $+2'',61$, par un mouvement uniformément accéléré. On
doit cependant faire remarquer que
la différence $0'',59$ qui existe entre
ces deux quantités est peu sensible ,
et que les corrections seront moins
certaines , surtout après une aussi
longue navigation.

Erreurs des longitudes que l'on aurait obtenues dans la supposition que le mouvement a été uniforme, et qu'il a été uniformément accéléré.

	Uniforme.		Uniformém. accél.	
Le 11 janvier	0'.	0".	0'.	0".
Le 21 *id.*	3.	10.	3.	12.
Le 31 *id.*	7.	30.	7.	40.
Le 10 février	9.	46.	10.	1.
Le 20 *id.*	7.	30.	8.	6.
Le 2 mars	9.	15.	10.	22.
Le 12 *id.*	11.	10.	13.	7.
Le 22 *id.*	10.	58.	14.	7.
Le 1er avril	10.	36.	15.	18.
Le 11 *id.*	9.	49.	16.	27.

Au bout de quatre-vingt-dix jours ou trois mois, la longitude obtenue par cette montre n'aurait été en erreur que de 9',49" de degré, c'est-à-dire au plus de trois lieues un tiers.

11

Si les longitudes obtenues dans la première hypothèse avaient été corrigées dans la supposition que la variation diurne $+2'',02$ a augmenté par un mouvement uniformément accéléré, la différence en longitude des deux lieux où l'on aurait réglé la montre serait en erreur de $16'\,27''$ de degré, c'est-à-dire au plus de cinq lieues et demie : elle serait à peu près de deux lieues un sixième plus grande. Cette dernière remarque vient à l'appui de ce qui a été dit dans le second volume du Voyage de d'Entrecasteaux, sur la circonspection avec laquelle on doit faire usage des corrections que l'on peut appliquer aux différences en longitude, obtenues par les montres marines à la fin d'une longue navigation, surtout lorsque la variation diurne a éprouvé peu de changement.

Le tableau précédent, dans lequel se trouvent les erreurs des longitudes que l'on aurait à calculer dans les deux hypothèses dont on se sert ordinairement, fournit aussi les moyens de confirmer l'exactitude de plusieurs autres règles qui ont été données dans le même ouvrage. Par exemple, on y dit que si une traversée a été de trois mois, les différences en longitude du second mois seront les plus incertaines ; et que celles du premier et du dernier, après avoir été corrigées, seront susceptibles d'une plus grande précision. Ensuite on observe que si l'on veut obtenir la longitude absolue, il faut calculer celle des lieux vus dans le dernier mois, avec la longitude du port de relâche. Dans ce cas-ci, l'erreur des longitudes observées pendant le premier mois aurait pu être de $10' - 0''$ de degré, ou trois

lieues deux tiers; mais celles du dernier mois n'auraient été jamais plus
grandes que 16' 27" de degré moins
13' 7", ou 3' 20" de degré, c'est-à-dire
d'une lieue un neuvième. Il faut cependant convenir que, d'après le tableau
précédent, les longitudes qui auraient
été obtenues dans la supposition que
le mouvement eût été uniforme, seraient affectées d'une erreur moins
grande que les longitudes obtenues,
en supposant qu'elle a été uniformément accélérée; mais ceci provient
du peu de changement que la variation diurne de la montre a éprouvé:
d'ailleurs les erreurs sont si petites
dans l'une et l'autre hypothèse, qu'il
est impossible d'en tirer aucune conséquence.

*Examen des erreurs des différences en
en longitude des jours consécutifs.*

La variation diurne que l'on a

trouvée par les comparaisons du mois
de janvier, est de 0″,93.

Le retard le plus considérable des
mois de février et de mars, si l'on excepte celui du 16 au 18, où il y a erreur, serait de 0″,25 ; ainsi les différences en longitude des jours consécutifs ne peuvent pas être en erreur
dans un sens de plus de 0″,93 + 0″,25
ou 1″,18 de tems , c'est-à-dire 0′18″ de
degré.

L'avance la plus grande des mois
de février et de mars serait de 4″,52 ;
dès lors les différences en longitude
des jours consécutifs ne peuvent pas
être en erreur dans l'autre sens de
plus de 4″,52—0″,93, ou 3″,59 de tems,
c'est-à-dire 0′ 54″ de degré.

On a choisi parmi un grand nombre
de comparaisons les variations diurnes qui s'éloignent le plus de celle
que l'on aurait dû supposer pour calculer les différences en longitude ; il

ne s'en trouve pas dans l'espace de quatre mois plus de deux ou trois qui en approchent; si l'on excepte, comme nous l'avons déja fait, les variations diurnes du 16 et du 18 au 19, communément l'erreur sera moindre de la moitié de o' 54" ou plus petite que o' 27".

Ce qui vient d'être dit peut donner une idée de la précision avec laquelle la montre n° 111 de M. de Champagni aurait procuré les positions relatives du vaisseau, dont on aurait pu se servir pour faire une carte hydrographique.

L'intervalle du tems qui s'écoule entre les observations du matin et celles du soir est ordinairement de 6 ou 8 heures, et au plus de 10 ; l'erreur de la différence en longitude des deux points les plus éloignés où l'on peut avoir pris des relèvemens, le même jour, n'aurait donc jamais été au-dessus de 7" de degré ou de 9" et au plus de 11" de degré. Ces erreurs sont si petites, qu'on peut les considérer comme nulles.

Si l'on applique le même raisonnement à la variation diurne de 2",02 trouvée par les comparaisons des 3 et 11 janvier, on verra qu'avec la même montre et pendant une navigation de trois mois, la plus grande erreur des différences en longitude n'aurait été que de 0' 43" de degré dans un sens, et de 0' 37" dans l'autre. Les erreurs de la différence en longitude des points de station dont la position aurait été déterminée le même jour seront insensibles, comme dans le cas précédent.

FIN.